OBSERVATIONS

Sur l'appel comme d'abus, & sur la requeste de la
Dame Comtesse de Grancey.

L'APPEL comme d'abus est de la citation faite à la requeste du sieur Comte de Grancey en la Primatie de **Lyon**,
& de la Commission decernée par l'Official, pour y proceder sur l'appel simple de la Sentence de l'Officialité de
Sens du 29. Novembre 1673.

La requeste est, à ce qu'en prononçant sur l'appel comme d'abus,
le sieur Comte de Grancey soit declaré non-recevable à former
des contestations contre la validité de son mariage.

L'appel n'estant que d'une simple citation, paroistroit d'abord
singulier dans le cours des Jurisdictions ordinaires. Mais il n'y a
rien de plus commun dans les Jurisdictions Ecclesiastiques, où il
est de l'usage d'appeller mesme d'un simple acte de procedure s'il
est abusif, ou si la partie qui veut poursuivre soit en premiere ou
en seconde Instance, n'est pas recevable en son action; en sorte qu'il
suffit d'examiner, si la citation dont il s'agit est abusive en elle-mê-
me, ou s'il y a quelque fin de non-recevoir contre le Comte de
Grancey, sur l'appel simple de la Sentence de l'Officialité de Sens.

Les heritiers de Monsieur le Maréchal de Grancey avoient voulu deffendre aussi à l'appel comme d'abus. Mais comme il semble
de la manière que l'on a plaidé, que l'on se reduise particulierement au droit du sieur Comte de Grancey; c'est ce que l'on est
obligé de combattre principalement.

L'Appellante soûtient, qu'encore qu'il soit de l'usage de pouvoir
former un appel simple d'une Sentence renduë dans un premier
degré de Jurisdiction Ecclesiastique; neanmoins dans les circonstances particulieres de la cause, (que l'on peut dire estre sans exemple;) le sieur Comte de Grancey son mary n'est pas recevable en
son appel simple, & qu'il y a trois moyens d'abus pour en arrester
le cours, qui établissent en mesme temps les fins de non-recevoir,
& les moyens de la requeste ausquels on n'a point répondu.

A

Le premier moyen d'abus, est qu'il n'y a point de partie capable de former une contestation legitime dans la Primatie de Lyon, sur la validité du mariage

Le second, que le sieur Comte de Grancey n'est point recevable aprés les declarations qu'il a faites en Justice, à interjetter appel simple de la Sentence de l'Officialité de Sens.

Le troisiéme, que l'appel simple qui peut estre un remede innocent dans les autres causes, dégenere icy dans une extréme injustice, & dans une vexation si odieuse, qu'il est juste de la réprimer par la voye de l'appel comme d'abus, & de la requesté presentée en la Cour.

PREMIER MOYEN D'ABUS.

Qu'il n'y a point de partie capable de former une contestation legitime dans la Primatie de Lyon, sur la validité du mariage dont il s'agit.

QUOY que ce premier moyen d'abus ne soit fondé que sur une fin de non-recevoir, il est engagé neanmoins dans l'explication de quelques circonstances du mariage, & particulierement de la qualité des parties qui l'ont contracté.

En l'année 1672. l'Appellante estoit dans le Monastere de Gomerfontaine, elle n'estoit lors âgée que de 17. ans.

La Dame Abbesse de Gomerfontaiue eût la pensée de la marier au sieur Marquis de Grancey son néveu, elle découvrit son dessein à Monsieur l'Archevêque de Roüen son frere : Il l'a pria de faire ce mariage avec le sieur Compte de Grancey l'aîné de ses néveux, qui estoit veuf en secondes nocces, & âgé de 48. ans. Il est prouvé par les lettres qui font raportées que ce fut Monsieur l'Archevêque de Roüen qui engagea le sieur Comte de Grancey dans la recherche de ce mariage; & qu'ensuite le Comte de Grancey employa l'entremise de plusieurs personnes de sa famille pour le faire reüssir.

Les lettres de Monsieur l'Archevêque de Roüen, du sieur Comte de Grancey & de trois de ses sœurs, prouvent qu'ils ont solicité l'Appellante, son Pere & sa Mere d'agréer ce mariage.

Il est vray que Monsieur l'Archevêque de Roüen aprés avoir engagé son néveu dans cette recherche, s'estant imaginé qu'il ne trouveroit pas un si gros bien qu'il avoit esperé, voulût s'opposer au mariage; Mais le sieur Comte de Grancey estant Maistre de sa personne témoigna qu'aprés deux premiers mariages & à l'âge de 48. ans, il n'estoit point dépendan: de sa famille, & qu'il vouloit preferer le merite & la vertu d'une jeune Damoifelle , qui avoit efté élevée auprés de la Dame Abbeffe de Gomerfontaine fa tante , à un autre party qui auroit eu peut-eftre plus de fortune : Quoy qu'il en foit, comme il eftoit maiftre de fa perfonne il declara abfolument qu'il vouloit paffer outre , & aprés avoir figné un contract de mariage pardevant Notaires ; Il obtint une difpenfe de trois bans de Monfieur de Langres fon Evêque Diocezain , avec permiffion de faire le mariage hors fon Dioceze.

En confequence de cette difpenfe il fit celebrer le mariage dans l'Eglife Paroiffiale de Chaftel proche la Ville de Nangis, à quatorze lieuës de cette Ville de Paris , par Maiftre Jean Deflandes Prêtre Vicaire dudit Nangis.

Il eft prouvé par la dépofition des témoins que ce fût le fieur Comte de Grancey qui fouhaita de faire le mariage , de la maniere qu'il l'a efté , & qu'ayant pris le pretexte d'éviter la dépenfe & l'éclat, il dit qu'il vouloit fe marier à la campagne : Il partit avec la Mere & la Fille pour aller à l'une de fes Terres ; & lorfqu'il fût à quatorze lieuës de Paris , il les obligea de confentir au mariage , il prît le foin de trouver le Prêtre qui a fait le mariage , il le retint enfuite pour fon aumônier , & même il a fait plaider qu'il eftoit vray, qu'il avoit luy-même donné dix Loüis d'or pour la retribution de ce mariage , & une indemnité à Maiftre Deflandes pour l'engager de le celebrer.

C'eft un majeur de 48. ans, veuf en fecondes nopces , qui a fait un mariage avec une mineure de dix-fept ans , & lequel feroit coupable d'un rapt qualifié , s'il ne s'eftoit luy-même fervy de la celebration du mariage , pour fe garantir de l'accufation que l'on auroit pû former contre luy : Et en effet , ayant appris l'oppofition que Monfieur l'Archevêque de Roüen avoit faite fous le nom de Monfieur le Maréchal de Grancey fon Pere à la publication des bans, quoy que cette oppofition fût inutile , parce que le mariage eftoit celebré avant qu'elle pût venir à la connoiffance des parties ; neanmoins le fieur Comte de Grancey , craignant que cette oppofition ne donnât fujet à l'Appellante de fe plaindre , il revint à Paris avec elle , foûtint publiquement fon mariage , demeura quelque temps dans la maifon du pere de l'Appellante , receut les complimens de fes amis fur fon mariage ; obligea Monfieur l'Archevêque de Roüen d'abandonner cette pourfuite : & enfuite emmena l'Appellante dans fa Terre de Grancey , où il a vécu avec elle comme avec fa femme legitime ; la fait reconnoiftre en cette qualité dans toutes fes Terres ; elle y a même receu de nouvelles reconnoiffances des fœurs du fieur Compte de Grancey , qui luy ont écrit comme à leur bellefœur. Il a toûjours perfeveré a foûtenir qu'il avoit contracté un mariage trés-legitime , & n'a changé de fentiment que lorfque l'Appellante a demandé une feparation de corps contre luy.

Cela prefuppofé, l'Appellante foûtient que dans ces circonftances particulieres , le fieur Comte de Grancey n'eft point recevable à former une conteftation contre la validité du mariage , en quelque Tribunal que ce foit , parce qu'il vient contre fon propre fait : C'eft luy qui a recherché ce mariage , qui en a fait faire la celebration à l'âge de 48. ans. C'eft la difference d'entre le mariage d'un fils de famille mineur & celuy d'un majeur : Un mineur qui s'eft engagé par indifcretion dans un mariage defavantageux peut eftre dégagé par le fecours de la loy, la faveur de fon âge , l'autorité d'un pere, tout contribnë à le fecourir; Mais à l'égard d'un majeur fon âge ne luy laiffe point d'excufe, fon engagement eft irrevocable & fans retour; c'eft pour cela que les Arrefts ont jugé qu'un majeur, n'eftoit pas recevable à apeller luy-même comme d'abus de la celebration de fon mariage; c'eft l'efpece de l'Arreft rendu au raport de Monfieur le Vaffeur contre François Heron le 21. Novembre 1687. Il s'agiffoit d'un mariage celebré dans une Paroiffe eftrangere, l'on fe fondoit fur la nullité du Concile, *à non proprio paracho*, & neanmoins parce qu'il fût juftifié que François Heron avoit luy-même fait faire le mariage, & qu'il l'avoit ratifié en majorité, l'Arreft le declare non-recevable en fon appel comme d'ubus ; il y en a eu beaucoup d'autres encore qui ont eftably cette jurifprudence fondée fur ce mefme principe, qu'un majeur n'eft pas recevable à reclamer contre fon propre fait, & que la furprife ou la violence dont il a ufé luy - même pour parvenir à un mariage, le rendent indigne du fecours des Loix Civiles & Canoniques, ce qui doit avoir lieu icy avec d'autant plus de raifon que c'eft un majeur de 48. ans (qui a abufé de la foibleffe de l'âge d'une mineure de 17 ans) & qui avoüe luy-même en public qu'il a cherché un Prêtre pour faire le mariage, qu'il a compofé avec luy à prix d'argent , & qu'il luy a donné une indemnité pour l'engager à faire ce mariage.

S'il eft non-recevable dans l'appel comme d'abus qui eft une voye de droit , fuivant la jurifprudence des Arrefts , la voye de former des conteftations temeraires dans plufieurs degrez de Jurifdictions Ecclefiaftiques par des longueurs infinies ne luy doit point eftre permife auffi : La même fin de non - recevoir milite également devant le Juge d'Eglife , elle eft fondée fur les mêmes moyens avec cette difference , qu'encore qu'elle pût eftre propofée en l'une & l'autre Jurifdiction ; neanmoins eftant fondée fur un moyen de droit public fur la jurifprudence des Arrefts , il eft plus naturel de s'en fervir par la voye de l'appel comme d'abus , pour arrester le cours des poursuites injustes, & ne pas souffrir qu'un majeur de 48. ans qui a fait un mariage avec une mineure de 17. ait la liberté de plaider encore cinquante ans dans tous les Tribunaux Ecclesiastiques , & qu'il faille demander des Commissaires jusqu'à Rome pour sçavoir s'il est legitimement marié , la fin de non-recevoir entre des personnes Laïques , dont le Parlement est Juge par préeminence de Jurisdiction est suffisante , n'ayant point d'autre partie que le sieur Comte de Grancey pour l'empêcher de proceder dans les Officialités ; & il n'y a nulle difficulté que si d'abord l'Appellante avoit interjetté appel comme d'abus de la premiere citation faite en l'Officialité de Sens , le sieur Comte de Grancey n'eût esté obligé de proceder en la Cour , & il sera facile après l'établissement des moyens d'abus de faire voir que ce qui s'est passé dans le premier degré de jurisdiction n'empêche point l'Appellante de se servir dans le second degré du droit qu'elle avoit dans le premier degré de jurisdiction , parce que l'appel comme d'abus qu'elle a interjetté n'est pas fondé sur la Sentence de l'Officialité de Sens , elle ne s'en sert pas pour le soûtenir ; mais il est fondé sur ce que le sieur Comte de Grancey n'a point d'action legitime dans le premier ny dans le second degré de jurisdiction , comme il sera expliqué.

SECOND MOYEN D'ABUS.

Que le sieur Comte de Grancey n'est point recevable , après les declarations qu'il a faites en Iustice à interietter appel simple de la Sentence de l'Officialité de Sens.

CE moyen est fondé sur deux propositions.

L'une dans le fait, que le sieur Comte de Grancey n'a point voulu se rendre partie dans l'Officialité de Sens pour contester la validité de son mariage : mais qu'au contraire il a acquiescé par prévention à la Sentence qui seroit renduë sur la question de son mariage.

La seconde, dans le Droit, que suivant les Constitutions Canoniques, & les Ordonnances du Royaume ; on n'est point recevable à appeller d'un jugement auquel on a acquiescé en quelque Jurisdiction que ce soit, & par consequent l'appel simple estant une contravention aux Loix Civiles & Canoniques, degenere dans un veritable abus.

L'établissement de la premiere proposition dépend d'observer ce qui s'eſt paſſé dans la pourſuite de l'Inſtance juſqu'à l'appel ſimple dont il s'agit.

Le mariage fut celebré le 22. Novembre 1672. Le ſieur Comte de Grancey eſt demeuré avec l'Appellante à Paris, & dans ſa Terre de Grancey juſques au mois de Mars 1673.

Elle fut obligée de demander ſa ſeparation le 8. Mars 1673. Le ſieur Comte de Grancey ſe retira auprés de Monſieur l'Archevêque de Roüen, & en meſme temps Monſieur l'Archevêque de Roüen preſenta une requeſte ſous ſon nom, & ſous celuy de Monſieur le Maréchal de Grancey en l'Officialité de Sens, en declaration de nullité de mariage.

Le 13. Mars l'aſſignation fut donnée à l'Appellante à la requeſte de Monſieur le Maréchal ſeulement.

L'Appellante fournit de premieres exceptions, & ſouſtient Monſieur le Maréchal de Grancey non-recevable à conteſter dans une Officialité, le mariage d'un fils qui eſtoit affranchy de ſa puiſſance paternelle, par ſon âge, & par ſes deux premiers mariages.

Sur ce premier incident porté devant l'Official, le ſieur Comte de Grancey fait une premiere declaration en ces termes:

Comme il n'eſt queſtion quant à preſent de conteſter au principal ſur la validité ou invalidité du mariage contracté entre luy & la Damoiſelle de la Vallée Corné: mais ſeulement ſur l'incident formé pour ſouſtenir que Monſieur ſon pere n'eſt partie capable pour conteſter le mariage. Cette queſtion préliminaire ſe doit regler entre ledit ſieur ſon pere, & la Damoiſelle la Vallée Corné & ſes pere & mere, n'entendant à ſon égard faire quant à preſens aucune declaration ſur ledit incident: & cependant comme il a grand intereſt de connoiſtre l'état de ſon mariage que l'on impugne par defaut des formalitez requiſes par les Ordonnances & Conciles, telle affaire luy eſtant de la derniere importance, dont le ſuccez doit affermir l'état de ſa famille & le repos de ſa conſcience, il declare qu'il n'empêche que ledit ſieur ſon pere ne demeure partie en la cauſe, & ſe raporte à Iuſtice d'en ordonner ce que de raiſon, ſans préjudice des conteſtations au principal, ainſi qu'il aviſera bon eſtre.

Cette premiere declaration prouve deux choſes.

L'Une que le ſieur Comte de Grancey ne vouloit faire aucune démarche ny declaration contre ſon mariage, ſe raportant à la Juſtice d'ordonner ſi Monſieur ſon pere ſeroit receu partie ou non.

La ſeconde qu'il ne vouloit point auſſi eſtre partie ſur la conteſtation du fond pour la validité du mariage.

Mais l'Official ayant veu que l'intervention du Promoteur qui ſe rendoit partie principale, le mettoit en eſtat de connoiſtre de la queſtion du mariage, ordonna par Sentence du 3. Juin 1673. que le sieur Comte de Grancey contesteroit & défendroit dans le mois sur la demande de Monsieur le Mareschal de Grancey en declaration de nullité du mariage. C'a esté en execution de cette Sentence que le sieur Comte de Grancey a fait une seconde declaration le 9. Aoust 1673. en ces termes.

Ledit Seigneur Compte de Grancey ne desirant point engager sa conscience, & d'ailleurs ayant interest de faire donner estat à son mariage ; Il declare conformement à sa procuration du 4. Avril 1673. qu'il ne veut à son égard s'engager en aucune contestation au sujet de la validité dudit mariage, laquelle il n'entend soûtenir, mais que pour en juger & donner estat audit mariage, il se raporte en justice d'en ordonner ce que de raison.

Cette déclaration prouve encores deux choses.

L'Une que le sieur Comte de Grancey n'a point voulu estre partie dans l'Instance de l'Officialité de Sens. Et l'autre qu'il a crû que sa conscience l'obligeoit de se raporter à ce qui seroit jugé sur la validité de son mariage ; & en effet depuis cette seconde declaration, le sieur Comte de Grancey n'a écrit, ny produit en l'Instance de l'Officialité de Sens ; Le Procez n'a esté jugé que le 29. Novembre 1673. pendant l'instruction qui a duré neuf mois, il n'y a eu ny deffense, ny replique ny aucun acte de sa part, que ces deux declarations faites en Justice, dans l'Audiance de l'Officialité par son Avocat & en vertu de sa procuration speciale.

Il est vray que la surveille du Jugement du Procez, Monsieur l'Archevêque de Roüen ayant apris que le Promoteur seule partie legitime ne vouloit point insister à la nullité du mariage, & que les Juges de l'Officialité reconnoissoient que cette poursuitte estoit une vexation. Il voulut en arrester le Jugement par une Requeste presentée sous le nom du sieur Comte de Grancey le 27. Novembre, par laquelle il demandoit que le mariage fût declaré nul & clandestin ; l'Appellante ayant donné sa Requeste le 28. & soustenu que celle du sieur Comte de Grancey estant directement contraire aux termes de la procuration qu'il avoit fait signifier, il falloit non seulement un pouvoir special, mais mesme des lettres de restitution contre les reconnoissances, & les declarations qu'il avoit faites en Jugement, & qu'elle ne pouvoit changer l'estat du procez qui avoit esté veu pendant plusieurs vacations. La Sentence diffinitive intervint le lendemain 29. Novembre, qui prononce par fin de non-recevoir contre le sieur Comte de Grancey, & dit sans s'arrester à sa Requeste du 27. Novembre, dont il est debouté ; & sur les autres chefs des contestations entre le Promoteur & les parties la mesme Sentence confirme la validité du mariage.

C'est de cette Sentence, dont le sieur Comte de Grancey veut porter l'appel simple en la primatie de Lyon, pour former de nouveau la contestation sur la question du mariage, apres que luy-mesme a declaré positivement qu'il se raportoit à ce qui seroit ordonné par la justice, c'est precisement ce qui resulte du fait pour l'establissement de la premiere proposition.

La seconde consiste à montrer que la Sentence de l'Officialité à l'égard du sieur Comte de Grancey doit passer en force de chose jugée, & que son appel simple est une contravention aux dispositions canoniques & à l'Ordonnance, ce qui forme l'abus.

Il y a deux sortes de dispositions dans le droit Canon contre les appellations formées aprés de semblables reconnoissances, ou declarations.

Les premieres sont dans le cas de la confession, les autres dans l'espece d'une declaration de la qualité de celle, dont il s'agit ; l'Espece du Chapitre 25. du decret cause 2. questions 6. est dans le cas de la confession, *si de facto suo confessus, appellare voluerit, huiusmodi appellationes non recipiantur.* Le sieur Comte de Grancey a fait ce mariage à l'âge de 48. ans, il l'a soustenu publiquement mesme depuis la contradiction de Monsieur l'Archevêque de Rouën, lors que l'on a procedé en l'Officialité de Sens, il a reconnu qu'il estoit marié, & a declaré d'abord qu'il laissoit à la Justice à decider si Monsieur le Mareschal son pere seroit receu à contester son mariage, mais qu'il ne vouloit point estre partie. Peut-il varier aprés cette declaration ?

Mais il en a fait une seconde encore plus precise, lorsque le Juge l'a obligé de s'expliquer sur la validité de son mariage ; il a dit positivement, que sa conscience l'obligeoit de se raporter à la Justice; ainsi il n'est plus question que de sçavoir de quelle maniere on doit expliquer cette declaration, si elle doit s'entendre de la Justice de l'Officialité de Sens, ou des trois degrez de Jurisdiction, & s'il luy luy sera permis d'aller jusquà Rome pour demander des Commissaires *in partibus*, c'est precisement sur cette question qu'il y a une decision formelle dans le droit Canon au titre *de appellationibus* des decretales dans le chap. *ad hec* en ces termes. *De his qui iuramentum, præstant quod Ecclesiæ stabunt iudicio, & postea appellant id tua sollicitudo provideat eos servare, quod iurent.* Le Pape Innocent IV. dit que cette constitution doit avoir lieu, soit qu'il y ait eü serment ou non, parce que l'on contracte en Jugement *in judicio quasi contrahimus.* On regarde cette declaration comme un acquiescement par prevention à la Sentence, qui ne permet plus d'appeller, & pour montrer qu'en effet la decretale est dans la question mesme de sçavoir si celuy qui s'est raporté au Jugement de l'Eglise dans un premier degré de Jurisdiction

tion peut paſſer à differens degrez, elle propoſe l'eſpece dans le cas de l-appel, *& poſtea appellans*, & decide qu'il n'y a plus lieu à l'appel *iudicio Eccleſiæ ſtabunt*; il eſt vray que cette decretale avoit adjouté une eſpece de condition, ſi l'Appellant ne faiſoit terminer l'appel ſur lechamp ; mais il y a dix-huit années que celuy dont il s'agit eſt interjetté, & il ne faut point que le ſieur Comte de Grancey s'excuſe ſur l'appel comme d'abus, parce qu'au lieu d'en pourſuivre le Jugement, comme il l'auroit pû faire, il a luy meſme empeſché l'Appellante de le faire juger, ayant fait ſignifier des lettres d'Eſtat dés l'année 1674. comme il ſera expliqué en ſon lieu, ainſi aux termes de la decretale, aprés les declarations qu'il a faites, c'eſt un abus de former un appel ſimple de la Sentence de l'Officialité de Sens, & de demander aprés 18. années la liberté de l'y faire juger, & enſuite d'aller chercher des Commiſſaires à Rome, il ne faut point conſiderer auſſi ſa pretenduë variation les choſes n'eſtant plus entieres, la Sentence diffinitive eſtant intervenuë avant qu'il eût revoqué ſes premieres declarations par une procuration ſpeciale & qu'il eût pris des lettres de reſciſion. La ſeconde contravention, eſt celle faite à l'Ordonnance. L'article 5. titre 27. porte, que *l'appel n'eſt point recevable ſi les parties ont acquieſcé*, Il eſt certain que l'on peut acquieſcer à un Jugement en pluſieurs manieres,& en differens temps, avant qu'il ſoit rendu, dans le cours de l'inſtruction auſſi-bien qu'aprés le jugement ; & ſi un particulier avoit declaré en Juſtice qu'il acquieſce à la Sentence qui interviendra, & qu'il renonce à interjetter appel, il ne pourroit le faire qu'il n'eût pris des lettres pour eſtre reſtitué conte ſa declaration : Ainſi quoy que l'acquieſcement ait eſté fait avant la Sentence il ne laiſſe pas d'eſtre un veritable acquieſcement fait par prevention, capable de produire une fin de non-recevoir legitime fondée ſur la diſpoſition de l'Ordonnance, ce qui forme l'abus, & donne lieu à la Requeſte de l'Appellante, pour faire declarer le ſieur Comte de Grancey non-recevable.

TROISIEME MOYEN D'ABUS.

Que l'appel ſimple du ſieur Comte de Grancey dans les circonſtances particulieres, eſt une inſigne vexation qu'il eſt iuſte de reprimer.

L'Auteur du traité de l'abus remarque que tout ce qui eſt vexation degenere en abus, & que ce qui eſt une plus grande vexation est un plus grand abus ; c'est principalement pour cela que les appellations comme d'abus ont esté introduites comme un remede salutaire, donné aux Sujets du Roy pour implorer le secours de l'autorité Royale par la voye de l'appel comme d'abus, contre le mauvais usage de la Jurisdiction Ecclesiastique, pour s'exempter d'estre traduits en procés par des appellations frivoles & inutiles, qui ne tendent évidamment qu'à persecution & oppression, c'est par cette raison que le Clergé estant assemblé en 1605. delibera de retrancher pour le soulagement des parties les trois degrez des appellations dans les Cours Ecclesiastiques du Royaume, ce qui auroit esté fait si Messieurs les Archevéques de Lyon & de Bourgés ne s'y estoient opposez à cause de l'interest de leurs Siéges. Le concordat même semble marquer que cette multiplication de procedures & d'appels, sont souvent beaucoup prejudiciables au public, ayant dit dans le titre de *frivolis appellationibus*, parlant des appellations dans les trois degrez de jurisdictium, *nimium, & nonnumquam frivole interpони consueverunt atque etiam eadem instantia ad prorogationem litium sæpe multiplicari iniustis vexationibus materia præbetur.* C'est dans ce même esprit que les Canons ne veulent pas souffrir que l'on reçoive des appellations qui paroissent évidemment formées par un esprit de suite & de vexation. La disposition du chapitre 25. du Decret, cause 2. quest. 6. y est formelle, *Quicumque non confidentia iustæ causæ, sed causa afferendæ moræ, ne contra eum sententia proferatur appellaverit, huiusmodi appellationes non recipiantur.* Par cette raison que toutes les formalitez de la Justice, & tous les degrez de jurisdiction n'ont esté establies que pour ayder la Justice, & non pas pour favoriser l'oppression & l'iniquité.

Il est aisé de reconnoistre qu'il n'y a jamais eu d'exemple d'une plus grande vexation, parce qu'il n'y a pas une seule circonstance dans le fait, une seule démarche dans la poursuite, un seul moyen sur les questions que l'on a traitées à l'Audiance, qui ne soit la preuve d'une insigne persecution.

Si l'on considere d'abord le sujet des contestations, il est certain que toutes les appellations simples & comme d'abus, sont à l'occasion du mariage des parties ; c'est l'unique source de tous leurs procés ? qui est ce qui a fait faire ce mariage & qui l'a sollicité, ce n'est pas une mineure de dix-sept ans, ny sa famille qui n'avoit pas encore la pensée de la marier ; mais ç'a esté la Dame Abbesse de Gomerfontaine, Monsieur l'Archevéque de Roüen, qui ont demandé l'Appellante en mariage pour leur néveu, dans le temps qu'elle estoit dans l'Abbaye de Gomerfontaine ; & pour ainsi dire dans leur dépendance & entre leurs mains ; Cependant ? qui est-ce qui attaque ce mariage ? C'eſt Monſieur l'Archevêque de Roüen, c'eſt luy qui a preſenté ſous ſon nom la premiere Requeſte en declaration de nullité de mariage en l'Officialité ; C'eſt luy qui a ſolicité le procés dans la Ville de Sens ; c'eſt luy qui pourſuit encore aujourd'hny le Jugement de la cauſe ; on ne voit point le Sieur Comte de Grancey ; c'eſt un majeur de ſoixante ans que l'on engage à plaider contre le témoignage de ſa conſcience , cela paroiſt une pure vexation.

Si l'on regarde le motif des pourſuites que l'on fait ſous ſon nom, ce n'eſt point pour faire infirmer ſon mariage ; l'on veut ſeulement qu'il ſerve de pretexte à un procés que l'on tâche de rendre perpetuel, afin que ce procés ſerve d'obſtacle à la réunion du mary avec la femme, & que le mariage demeure toûjours en l'eſtat qu'il eſt , pour empêcher le Sieur Comte de Grancey d'en faire un autre. C'eſt pour cela , qu'encore que l'on ait plaidé tous les moyens de pretenduë nullité contre ce mariage, & qu'il n'y en ait pas une ſeule qui ne fuſt beaucoup plus ſpecieuſe pour ſervir de moyens d'appel comme d'abus, ſi elles eſtoient veritables ; cependant aprés les avoir plaidez, on declare que l'on ne pretend pas que la Cour en ſoit Juge, & que l'on veut proceder dans tous les degrez de Juriſdiction Eccleſiaſtique, pour ne jamais ſortir d'affaire ; il paroiſt même que l'on a affecté de commencer d'abord dans l'Officialité de Sens, au lieu qu'il eſtoit plus naturel de ſe pourvoir en l'Officialité de Langres , qui eſtoit la Juriſdiction des parties ; cela auroit ſemblé même plus avantageux au Sieur Comte de Grancey, puiſqu'il pretend que l'on n'a pas ſuivy ce qui eſtoit porté par la diſpenſe de Monſieur l'Evêque de Langres , & qu'il l'avoit revoquée, & cependant comme l'on ne cherche que l'occaſion d'éloigner, l'on s'eſt adreſſé à l'Official de de Sens ; parce que Monſieur l'Archevêque de Roüen , qui eſt mieux inſtruit des degrez des Juriſdictions de l'Egliſe que ſon Avocat , qui a dit en plaidant (que c'eſtoit la même choſe de ſe pourvoir d'abord à Sens ou à Langres) ſçait fort bien qu'il y a dans Lion deux Sieges differens, celuy de la Métropole & celuy de la Primatie , & que ſi l'on avoit porté la premiere inſtance à Langres, comme c'eſt une Juriſdiction ordinaire , les trois degrez de Juriſdiction auroient pû eſtre conſommez dans le Royaume, ſans eſtre obligez d'aller à Rome pour demander des Commiſſaires, parce que de l'Officialité de Langres l'on ſe ſeroit pourvû devant l'Official Métropolitain de Lion, & l'on auroit porté l'appel du Metropolitain à la Primatie, comme le dernier degré de Juriſdiction ; au lieu qu'ayant commencé par Sens, qui eſt une Métropole, le ſecond degré eſt directement à la Primatie de Lyon, il n'y a plus de troiſiéme degré ſuperieur : Il faut aller à Rome demander des Commiſſaires *in partibus*; c'eſt ce que pretend Monſieur l'Archevêque de Roüen, quand le mariage ſeroit confirmé à Lyon : il faudroit demander au Pape des Commiſſaires deleguez ; un ſiecle ne ſuffiroit pas pour ſortir d'affaire quand on veut éloigner, parce que l'on forme des recuſations contre les Commiſſaires deleguez ; il ſurvient des conflicts ; il faut juger la competence ; l'on fait naiſtre pluſieurs incidens ; il faut trois Sentences conformes ſur chaque incident, cela oblige de retourner pluſieurs fois à Rome ; c'eſt à quoy on veut expoſer l'appellante par un eſprit de vexation.

Si l'on conſidere la qualité des moyens que l'on propoſe ſur le fond, c'eſt encore l'effet d'une injuſtice la plus odieuſe qui ait jamais eſté. Il s'agit du mariage d'un majeur de 48. ans, c'eſt luy qui a obtenu la diſpenſe, il l'a miſe entre les mains du Preſtre qu'il a choiſi pour faire le mariage, & qu'il a pris depuis pour ſon Aumônier ; il a retiré la diſpenſe de ſes mains ; il s'aviſe d'en rapporter une coppie falcifiée, dans laquelle il ſuppoſe une condition qui n'a jamais eſté, il pretend même que la diſpenſe a eſté revoquée ; on luy a fait voir que cette prétenduë revocation n'a jamais eſté faite par Monſieur l'Evêque de Langres ; que l'acte de cette pretenduë revocation eſt écrite de la main de l'Aumônier de Monſieur l'Archevêque de Roüen, & ſignifiée par ſon Huiſſier, ſans que l'original de cét acte ny la coppie, ayent eſté ſignez de Monſieur l'Evêque de Langres ; en ſorte qu'il eſt difficile de n'eſtre pas perſuadé que cét acte eſt une fauſſeté, auſſi bien qu'une pretenduë ſommation faite à Monſieur de Langres, au bas de laquelle on ſuppoſe qu'il a fait réponſe qu'il avoit donné ordre de revoquer la diſpenſe ; & quoique ce pretendu acte ne ſoit point, & n'ait jamais eſté produit dans le procés, on s'eſt donné la liberté de le faire imprimer, pour tâcher de ſurprendre la religion de la Cour par des fauſſetez. La coppie de la diſpenſe que l'on rapporte, eſt une troiſième fauſſeté ; la conviction en eſt évidente, parce qu'elle n'eſt point conforme à ſon veritable original qui eſt dans le Greffe du Secretariat de Langres, dont l'appellante rapporte une coppie en forme ſignée du Greffier du Secretariat de Langres ; en ſorte que l'on ne voit par tout que ſurpriſe, fauſſeté & ſuppoſition. Le Promoteur en l'Officialité de Sens, n'a pû s'exempter d'en rendre compte dans ſes concluſions, & aprés avoir obſervé les preuves qui rendent ces pieces ſuſpectes de fauſſeté. Il en a fait voir l'inutilité ſur la queſtion de la validité du mariage ; il a obſervé que quand cette pretenduë révocation auroit eſté veritable, n'ayant pû venir à la connoiſſance des parties avant le mariage (comme cela paroiſt par les dattes) elle ne ſeroit d'aucune conſideration : cette pretenduë revocation eſt ſi-

gnifiée à Paris le Lundy à quatre heures de relevée, c'eſtoit le 21.
Novembre ; il eſt prouvé que les parries eſtoient ſorties de Paris dés
le dix-neuf precedent, qui eſtoit le Samedy, & que le même jour
que cette ſignification fuſt faite , le Sieur Comte de Grancey eſtoit à quatorze lieuës de Paris, & que ſur les quatre heures
de relevée du Lundy vingt-un Novembre, qui eſt la même heure de
cette ſignification , il avoit déja engagé le Preſtre , qui luy
promiſt de faire le mariage aprés qu'il auroit dit la Meſſe ; il eſt prouvé que la Meſſe fut celebrée aprés minuit, & le mariage fait entre
une heure & deux du vingt-deux Novembre, qui eſtoit le Mardy, ce
fut huit heures aprés la ſignification de cette pretenduë revocation ;
il n'en faut pas davantage pour la rendre inutile, puiſqu'il paroiſt
évidemment que les parties, à cauſe de la diſtance des lieux, n'ont pû
en avoir de connoiſſance avant leur mariage. On peut dire la même
choſe de la condition que l'on a ajoûtée à la diſpenſe, parce qu'elle
eſt encore fort inutile. On pretend que la diſpenſe portoit, à la char-
ge de faire publier trois Bans dans la Paroiſſe de ſaint Sulpice ; quand
cela ſeroit (ce qui n'eſt pas) comme la publication des Bans n'eſt
pas eſſentielle , ſuiuant le Concile , & l'Ordonnance à l'égard d'un
majeur & d'une mineure qui a le conſentement de ſes pere & mere,
cette clauſe n'auroit pas eu plus de force que la diſpoſition du Concile, & ne pourroit eſtre conſiderée que comme une eſpece d'avis
& de commonition ; mais non pas comme une condition eſſentielle
capable de l'annuller, comme l'on ſçait bien auſſi, qu'encore qu'il
n'y ait qu'un ſeul ban publié dans la Paroiſſe de l'appellant. Ce mariage, neanmoins, ne peut recevoir d'atteinte en quelque Juriſdiction que ce ſoit, & qu'il n'y a aucune nullité ny abus dans la celebration ; on employe toute ſorte de mauvais artifices pour en faire
le ſujet d'un procés qui ne puiſſe jamais finir.

Mais ce qui augmente la perſecution, c'eſt l'avantage injuſte que
l'on a tiré de cette pourſuite, par rapport à l'eſtat des autres conteſtations.

C'eſt un mariage fait il y a dix-huit ans, il ne faut pas employer
toute ſa vie pour faire juger ſi un majeur de quarante-huit ans a
pû ſe marier ; cependant, comme l'on ſe perſuade que la queſtion
du mariage eſt arreſtée dans les Officialitez, l'on a eu l'adreſſe de
rendre toutes les autres conteſtations dependantes du procés du mariage ; on a conteſté la quittance de la dot, pris des Lettres de reſciſion ; on les a fait enteriner par Arreſt rendu contre l'appellante
mineure, qui n'a pas eſté deffenduë ; elle a eſté obligée de prendre
Requeſte civille ; elle a eſté prejugée en ſa faveur ; mais
l'on a dit, avant faire droit, qu'elle ſeroit juger l'appel comme d'a-

bus, & l'appel simple sur la question du mariage ; ce prejugé qui luy est avantageux, devient prejudiciable par la condition de faire juger tous ces procez, si l'appel, comme d'abus ne la tiroit pas d'affaire, parce que les appellations simples des Jurisdictions Ecclesiastiques seroient infinies ; il luy seroit moins desavantageux de renoncer à sa dot, que de plaider toute sa vie sans esperance de pouvoir sortir d'affaire.

Un mariage a des effets civils & provisoires ; il est deû pendant la separation un demy doüaire, ou une pension, l'on a eu l'adresse de rendre ces demandes encores dependantes des appellations simples & comme d'abus, ainsi tous les droits & toutes les actions de l'Appellante sont attachez à un procez que l'on veut rendre immortel, l'on a employé toutes sortes de mauvais moyens pour empescher que l'Appellante depuis 18. années n'ait pû faire juger l'Appel comme d'abus, il est interjetté en 1674. trois mois aprés on luy a fait signifier de premieres letres d'estat ; apres l'expiration de ces premieres Lettres, on luy a sucité quatre ou cinq procez en differentes Jurisdictions, sur la quittance de la dot, sur l'appel de la separation & sur tous les incidens que l'on a pû imaginer ; lorsquelle a crû pouvoir continuer ses poursuites ; le deceds de Monsieur le Maréchal de Grancey est arrivé ; ensuite celuy du sieur de la Vallée Corné son pere, & comme elle a voulu reprendre les poursuites, on luy a fait signifier d'autres lettres d'estat, par le moyen desquelles tous les procez pour la dot, pour les pensions, pour le demy doüaire, pour l'appel comme d'abus tout a esté aresté ; c'est une femme mariée, il y a 18. années, elle perd son bien, sa dot, ses conventions, parce qu'on a eu l'artifice, par des detours de procedure de luy faire perdre sa cause sans la juger ; Il est vray qu'apres avoir languy dans cette persecution durant plusieurs années, elle a eu l'avantage que le Roy estant informé de l'estat des choses, a eu la bonté de luy donner un Arrest du Conseil d'Estat, qui leve la surceance des Lettres d'Estat & de toutes celles qui pourroient estre obtenuës à l'advenir ; mais si la pretention de ses parties avoit lieu & qu'ils pussent l'obliger de suivre ces appellations simples dans tous les degrez de Jurisdictions Ecclesiatisques, ils auroient beaucoup plus de surceance par le circuit & les longeurs des procedures ordinaires dans ces sortes de Jurisdictions, que par les Lettres d'Estat ; il ne faudroit pas esperer que l'Appellante pût jamais sortir d'affaire ; il y a 18. années que le mariage est fait, son pere est déja mort à la sollicitation de ce procez, il ne reste plus que deux femmes, sa mere déja avancée en âge, & elle, dont le cours de la vie est beaucoup abregé par les traverses qu'ils luy ont esté suscitées depuis 18. années. Il ne seroit pas possible qu'elles pussent se demesler de tous les incidens que l'on ne manqueroit pas de former sur des delegations de Commissaires de Cour de Rome, sur des conflicts & sur tous les autres incidens. C'est dans ces circonstances que l'on a droit de reclamer l'authorité de la Cour, pour éviter ces vexations qui paroissent évidemment par ce qui s'est passé) par la qualité des parties, par la nature de l'affaire, par l'evenement qu'elle peut avoir, comme en effet, quand on plaideroit pendant 50. années dans des Officialitez; peut-on se flater de faire declarer nul un mariage de la qualité de celuy dont il s'agit? N'est-ce pas dans ces rencontres que la connoissance du merite du fond doit prevaloir à tout pour soitir les parties d'affaires, & ce qui ne laisse aucune difficulté dans l'ordre des pour-suites, est que la Cour est Juge naturelle de la contestation, elle en est saisie en deux manieres, & par la voye de l'appel comme d'abus fondée sur trois moyens, & par la Requeste qui engage de prononcer sur les fins de non-recevoir tirée du droit public, des Arrests & de la disposition des Ordonnances.

Apres l'establissement des moyens d'abus, il est necessaire de répondre aux fins de non-recevoir, & aux objections proposées contre l'Appellante.

On a dit pour fins de non-recevoir que la Cour avoit ordonné par deux Arrests qu'elle feroit juger l'appel comme d'abus & l'appel simple, & par consequent qu'il falloit essyuer tous les degrez des Jurisdictions Ecclesiastiques.

La Réponse en un mot est, que la Cour n'a point jugé ce que l'on ne luy a pas demandé, il n'estoit point question de sçavoir lors des Arrests dont on se veut prevaloir, si l'appel comme d'abus devoit terminer l'appel simple, ou non; mais comme il s'agissoit de sçavoir si l'on confirmeroit la Sentence de separation. On a crû qu'il estoit préalable de juger les autres contestations d'entre les parties, l'appel simple & l'appel comme d'abus sans prejuger si la decision de l'un emportoit la decision de l'autre; & quand mesme on auroit ordonné qu'il falloit faire juger l'appel simple, l'Appellante soustient que ce seroit satisfaire à l'Arrest, parce que en jugeant l'appel comme d'abus, elle espere que l'appel simple se trouvera jugé.

L'autre fin de non-recevoir tirée de la procedure faite en la primatie de Lyon, est fondé sur un fait supposé sauf le respecte de la Cour. Il n'est point veritable que l'appellante y ait procedé, elle n'a fait autre chose que constituer un Procureur afin d'empescher que l'on ne levât un defaut contre elle, & pour avoir le temps d'obtenir sa commission sur son appel comme d'abus; aussi le Procureur n'a fait qu'un simple acte de presentation , & a requis un delay pour advertir ses parties que l'on vouloit poursuivre , il paroit mesme par les dattes , que jamais l'Appellante n'a eu dessein de proceder en la primatie de Lyon , ayant retiré sa production sitôt que le procez fût jugé en l'Officialité Sens , & fait faire sa consultation sur son appel comme d'abus qui se trouve dattée dés le 9. Aoust , avant l'acte que l'on dit que le Procureur a fait signifier pour demander du temps afin d'avertir ses parties ; ce qui fait bien voir qu'elle n'a jamais pretendu proceder en la primatie de Lyon.

A l'égard des objections, il y en a deux principales ausquelles il est aisé de satisfaire.

La premiere que l'on ne doit point appeller d'une simple citation, d'un simple acte d'appel , parce que ce seroit appeller de la face du Juge.

La seconde qu'en tout cas si l'on avoit pretendu avoir droit d'appeller comme d'abus , il falloit le faire avant la Sentence ; mais qu'ayant procedé dans l'Officialité de Sens , ce seroit troubler l'ordre des Jurisdictions Ecclesiastiques , si l'on ostoit la liberté de proceder sur l'appel simple en la primatie de Lyon.

La réponse à la premiere objection est fondée sur la nature des Jurisdictions Ecclesiastiques , & sur la qualité de l'appel comme d'abus ; il est constant que les Juges d'Eglise n'ont qu'une Jurisdiction fort bornée , & n'ont point droit de connoistre des affaires entre les Laïques , que dans les cas dont la connoissance leur est attribuée par les Ordonnances ; ils peuvent connoistre de la question du mariage , quand il s'agit de *fœdere Matrimonii* , & que la contestation est formée par une personne capable ; mais lors qu'il est question de fin de non recevoir , fondée sur le droit public , ou sur la Jurisprudence des Arrests , ou sur les Ordonnances ; ils n'ont pas droit d'en prendre connoissance. Si un particulier estoit assigné pour proceder devant l'Official , pour regler les conventions d'un mariage , il seroit bien fondé d'appeller comme d'abus de la simple citation , par ce qu'elle seroit abusive. S'il estoit assigné pour proceder sur la validité de son mariage , à la requeste de personnes estrangeres qui n'auroient pas droit d'intenter cette action , il seroit encore bien fondé d'appeller comme d'abus de la citation. S'il estoit assigné sur le Petitoire d'un benefice , aprés que le possessoire a esté jugé par le Juge Royal, l'appel comme d'abus est encore legitime , quoique ce ne soit que d'une simple citation : il y a nombre d'Arrest rapportez dans le Journal des Audiances , sur des appellations interjettées de simples citations , & ceux qui sont versez dans les matieres Ecclesiastiques , ne trouveront point que l'appel d'une citation soit extraordinaire , parce qu'il

est

est des principes que l'on peut appeller comme d'abus d'un simple acte de procedure, lors qu'il est abusif; ce n'est point appeller de la face du Juge, mais c'est un appel d'incompetence qualifié sous le titre d'appel, comme d'abus que l'on a droit de former, lorsque l'affaire n'est pas de la competence du Juge, ou que la partie n'est pas recevable à le former, dans ces deux cas, il est sans difficulté, que l'appel comme d'abus est bien fondé, & c'est sur ces principes, que si le Promoteur en l'Officialité de Sens n'avoit point esté partie, l'appellante auroit appellé d'abord comme d'abus de la premiere citation faite à la Requeste de Monsieur le Maréchal de Grancey, parce que suivant les Arrests, les dispositions Canoniques & les Ordonnances, il n'estoit pas recevable à former une contestation sur la validité du mariage d'un majeur de quarante-huit ans, affranchy de sa puissance paternelle, par son âge & par ses deux premiers mariages.

Contre la seconde objection, l'appellante soutient que la procedure faite en l'Officialité de Sens ne prejudicie en aucune maniere à son appel comme d'abus, soit que l'on considere le Sieur Comte de Grancey comme partie dans la premiere instance, ou comme ne l'ayant point esté.

Et premierement on peut dire qu'il n'a point esté veritablement partie dans l'instance de l'Officialité de Sens, sur la question de la validité de son mariage, au contraire, il a declaré positivement qu'il ne vouloit point l'estre, & dans cette consideration son appel simple en la primatie de Lion, est une premiere contestation, & cela dépend de la procedure qu'il faut reprendre en un mot.

Monsieur le Maréchal de Grancey a demandé la nullité du mariage, & a fait assigner l'appellante en l'Officialité. Le premier incident a esté formé sur ce que l'appellante soutint Monsieur le Maréchal de Grancey non recevable. Le Sieur Comte de Grancey parut à l'Audiance, & fit une premiere declaration, qu'il ne s'agissoit point de contester la validité ou invalidité de son mariage, mais seulement de sçavoir si Monsieur le Maréchal estoit partie capable, & que cette question preliminaire devoit estre reglée entre Monsieur le Maréchal & l'appellante, qu'à son égard il n'empêchoit pas que Monsieur le Maréchal son pere ne demeurast partie en la cause, & qu'il se rapportoit à la Justice d'ordonner ce que de raison, sans préjudice des contestations au principal, ainsi qu'il aviseroit bon estre.

Il est certain qu'aux termes de cette premiere declaration le Sieur Comte de Grancey n'est point encore partie sur la question du mariage, & ne veut pas même declarer s'il le sera ou non; l'Official ordonne par une premiere Sentence interlocutoire que le Sieur Comte de Grancey contestera & deffendra aux conclusions de la demande de Monsieur le Maréchal son pere; ainsi, il est certain que l'appellante ne pouvoit pas le considerer comme partie opposée à la validité de son mariage, puisqu'il n'en demandoit point la nullité, & même qu'il declaroit se reserver à s'expliquer quand il seroit question du fond.

Depuis cette Sentente, le Sieur Comte de Grancey fut obligé de deffendre & de s'expliquer, il fait pour cela une seconde declatation le 9. Aoust, qu'il ne veut point s'engager en aucune contestation, au sujet de la validité du mariage, mais qu'il se rapporte à la Justice, il ajoûte même qu'il croit estre obligé de garder cette conduite pour l'interest de sa conscience; & en effet, depuis cette declaration jusqu'à la veille du Jugement du procés; il n'a écrit ny produit ny pris aucune part dans tout ce qui s'est fait dans le cours de l'instruction. L'apellante ne pouvoit pas encore le considerer comme partie, elle n'auroit pas eu sujet d'appeller comme d'abus en premiere instance à son égard, puisqu'il ne faisoit aucune procedure, mais seulement de simples declarations qui paroissoient innocentes, & qui ne luy faisoient aucun préjudice. Il est vray que la veille du Jugement du procés, il y eut une Requeste donnée sous le nom du Sieur Comte de Grancey, dans laquelle il conclud à la nullité du mariage, mais l'appelante ne pouvoit pas interjetter apel comme d'abus de cette procedure, parce que cette Requeste estoit sans pouvoir, elle estoit contraire à sa Procuration; il n'y avoit point de Lettres de restitution contre les declarations qu'il avoit faites en Justice; le procés estoit vû entierement, prest d'estre jugé : cette Requeste fut regardée comme un détour de chicanne, pour tâcher de mettre le procés hors d'estat; aussi on declare seulement sans s'arrester à la Requeste, ainsi il n'y a pas eu, un seul moment dans lequel, en premiere instance, l'appellante ait eu occasion d'interjetter appel comme d'abus de la procedure faite par le Sieur Comte de Grancey, ce n'est que lors qu'il s'est avisé d'interjetter appel simple de la Sentence de l'Officialité de Sens, pour agiter luy-même la question de la nullité du mariage à Lion; s'il estoit partie capable, il n'y auroit rien à dire; mais comme il y a des fins de non-recevoir contre luy fondées sur le droit public, elle a raison d'appeller comme d'abus, & on ne peut luy opposer que c'est dans un second degré de Jurisdiction, qu'elle ne devoit pas attendre si tard, puisqu'à l'égard du Sieur Comte de Grancey, elle ne le pouvoit faire plûtost, & qu'il faut le considerer dans les circonstances de la procedure, comme le premier degré de Jurisdiction à son égard.

Mais quand bien mesme l'Appellante auroit procedé avec luy

comme partie dans un premier degré de Jurisdiction, ce n'auroit esté que sur la foy de la declaration qu'il avoit faite qu'il se raportoit à la Justice, ainsi dés le moment qu'il veut se retracter, il est raisonnable que l'Appellante t'entre de sa part dans le même droit qu'elle avoit, elle a pû appeller d'abord comme d'abus, elle avoit interest de sortir promptement d'affaire ; le sieur Comte de Grancey luy declare en Justice qu'il se raporte à ce qui sera jugé, elle a sujet de croire que son procez doit finir par la Sentence de l'Officialité de Sens. Mais aprés que cette Sentence est renduë, elle voit que le sieur Comte de Grancey ne s'y veut plus raporter, qu'il veut aller jusqu'à Rome ; il est donc juste qu'elle se serve de sa part du droit qu'elle avoit pour abreger les longueurs de ces procedures par l'appel comme d'abus ; & il n'est pas raisonnable que l'ayant engagée dans un premier degré de Jurisdiction sur la foy d'un acquiescement à ce qui seroit jugé, lorsque luy-même ne veut pas l'executer, il prenne avantage de ce qu'elle y a procedé, & de ce qu'elle n'a pas exercé le droit qu'elle avoit d'appeller comme d'abus de la premiere citation, puisque c'est par le fait mesme du sieur Comte de Grancey, qu'elle ne l'a pas fait, il faut les considerer l'un & l'autre, comme s'ils commençoient à plaider sans distinguer ny le premier ny le second degré de Jurisdiction.

Mais supposé que le sieur Comte de Grancey eût contesté d'abord la validité de son mariage dans l'Officialité de Sens, que l'Appellante y eût procedé avec luy, comme avec les autres parties, cela ne l'engageroit point encores à la dévolution des autres degrez de la Jurisdiction Ecclesiastique, pour trois raisons.

La premiere est que l'Appellante a eu deux voyes differentes, & indépendantes l'une de l'autre pour se défendre contre la demande de Monsieur le Maréchal de Grancey qui avoit introduit l'Instance en l'Officialité de Sens.

L'une estoit la fin de non-recevoir contre son action, l'autre estoit l'appel comme d'abus qu'elle pouvoit interjetter en la Cour de la citation faite en l'Officialité, elle a pû se servir de l'une & de l'autre de ces deux voyes successivement.

Le premier degré de Jurisdion n'a rien changé à son égard, ny pour le Droit, ny pour les moyens, ce qu'elle a pû faire dans le premier degré de Jurisdiction elle l'a pû faire dans le second, & il est facile de le confirmer par des autoritez & par des exemples.

Maistre Charles du Moulin sur la regle de Chancellerie *de infirmis resignantibus*, propose une espece sur laquelle il resoud cette question, quoyqu'elle ne soit pas à l'occasion d'un mariage, sa décision ne laisse pas d'estre précise, pour la question de la Jurisdiction dont il s'agit.

C'eſt dans l'eſpece d'une Proviſion du Pape accordée par prevention pour un Benefice en patronage Laïque, l'ordinaire y avoit
pourveu aprés les quatre mois donnez au Patron, la conteſtation
eſtoit formée entre les deux pourvûs ; elle eſt portée au petitoire
devant le Juge d'Egliſe, c'eſtoit avant l'Ordonnance de 1539. Mai-
ſtre Charles du Moulin examinant cette queſtion, dit que le pourveu par l'ordinaire à deux voyes differentes pour ſe défendre ; il peut
propoſer par voye d'exception la nullité de la Proviſion du Pape devant le Juge ordinaire Eccleſiaſtique, ou bien, il peut apeller comme d'a-
bus, il ſemble meſme que du Moulin ait prévû le cas que l'on auroit
eſſuyé un premier degré de Juriſdiction ; car il dit qu'il peut
appeller comme d'abus ; quand meſme le premier Juge Eccleſiaſtique prononceroit en ſa faveur, parce qu'il a intereſt d'éviter le
circuit des trois Sentences conformes de la Juriſdiction Eccleſiaſtique.

*Amplio quarto, ut nec Papæ præventio, vel derogatio convaleſcant, ſi Pa-
tronus poſtea negligens ſit, & permittat labi tempus qnadrimeſtre ad præ-
ſentandum, ſed poterit Ordinarius lapſo quadrimeſtri iure devoluto conferre
& taliter proviſus iure devoluto, poterit deducere nullitatem dictæ præven-
tionis & derogationis per viam exceptionis vel replicationis coram Iudice
ordinario, vel etiam ab abuſu appellare à conceſſione, vel executione dictæ
derogationis Papæ, ſi pinguiùs ſibi conſultum iri videatur per huiuſmodi ap-
pellationem ad præfata ſumma Tribunalia, ut primò ſi in petitorio lis agi-
taretur coram Iudice Eccleſiaſtico, qui magis delaturus eſſet Bullis Papæ,
turbiſque Canoniſtarum, quam conſervationi juris antiqui, & uſus noſtri
cemmunis : vel ſecundò, ex eo qnòd ſi æquus Iudex contingeret, ab eo tan-
dem provocari poſſet ad Iudicem Papiſticum, hoc eſt per reſcriptum in partibus ad nominationem impetrantis delegatum.*

Comme ces ſortes de queſtions ſont peu ordinaires, il n'eſt pas
inutil d'ajoûter quelque exemple pour rendre la choſe encore plus
ſenſible ; ſupoſé qu'un particulier eſtant aſſigné devant l'Official pour
le payement de la dot, y ait défendu, qu'il ait gagné ſa cauſe, &
que l'on vouluſt enſuite le traduire par des appellations ſimples dans
les degrez des Juriſdictions Eccleſiaſtiques. La procedure volontaire
dans une premiere Officialité, ne le priveroit pas de l'appel comme d'abus, dans le ſecond degré de Juriſdiction. Si le premier Official
eſtoit incompetant ; le ſecond Official ne l'eſt pas moins encores, c'eſt
ce qui montre que c'eſt une mechante raiſon de vouloir que ſous pretexte que l'on a procedé dans une premiere Officialité, on doit proceder dans une ſeconde ; il faudroit toûjours examiner s'il n'y a point d'a-
bus, parce que il ne ſe peut couvrir. Il faut regarder ſi l'affaire
de ſa nature eſtoit de la competence de l'Officialité, & ſi les parties eſtoient recevables pour y former la conteſtation ; le Jugement
qui peut avoir eſté rendu dans une premiere inſtance, ne change point

le droit des parties, suppofé qu'au lieu que l'appellane a gagné fon procez en l'Officialité de Sens, elle l'y euft perdu, elle ne feroit pas privée de la voye de l'appel comme d'abus de la Sentence, auffi bien que de la citation ? Et, peut-on dire qu'ayant gagné fon procez, elle fe trouve dans une condition plus defavantageufe que fi elle lavoit perdu, elle auroit eu la voye de l'appel fimple, ou de lappel comme d'abus, l'un n'eft qu'un remede ordinaire, l'autre eft un remede extraordinaire, duquel on fe peut fervir en tout temps & en tout eftat de caufe ; il eft au deffus de la Iurifdiction Ecclefiaftique ; il n'eft point fujet à la procedure des Officialitez, comme il eft beaucoup plus puiffant & beaucoup plus eftendu ; il prevaut à l'appel fimple, & le fait ceffer, on peut l interjetter en tout eftat de caufe, & dans tous les degrez de Jurifdiction, & même aprés les trois Sentences conformes, & il ne fe trouvera point de Canonifte qui ait jamais dit, que fous pretexte que l'on a procedé dans un premier degré de Jurifdiction, on foit exclus de fe fervir de l'appel comme d'abus dans le fecond degré; au contraire, c'eft un principe que l'abus ne fe couvre jamais.

La feconde raifon eft, que bien loin d'avoir renoncé au droit que l'appellante avoit d'appeller comme d'abus, & d'avoir approuvé la Jurifciction Ecclefiaftique pour s'y foûmettre entierement, au contraire elle a toûjours protefté de fe pourvoir ainfi qu'il appartiendroit, & comme cela eft de confequence pour détruire une objection qui paroift fpecieufe, à caufe de l'ufage des Jurifdictions ordinaires, mais qui n'a point d'application pour les Iurifdictions de l'Eglife, il eft neceffaire d'obferver ce qui s'eft paffé dans la pourfuite faite en l'Officialité de Sens.

Monfieur le Maréchal de Grancey avoit formé fa demande en declaration de nullité de mariage ; l'appellante n'a fourny que de fimples exceptions, & a foûtenu qu'il eftoit inutil d'entrer dans la difcution du fond. Monfieur le Maréchal reconnoiffant qu'il eftoit difficile qu'il fuft receu à traiter la queftion de la validité du mariage d'un fils majeur de 48 ans, veuf en fecondes nôces, a engagé le Promoteur de l'Officialité d'intervenir pour fe rendre partie, & demander la communication des pieces qui regardoient les folemnitez du mariage ; il a fait pourfuivre le Prêtre qui avoit celebré le mariage pour n'avoir pas obfervé le Rituel & les Statuts Sinodaux du Diocefe ; la caufe eft portée à l'Audiance de l'Officialité, fur l'incident d'entre Monfieur le Maréchal & l'appellante : il intervint une premiere Sentence interlocutoire le troifiéme Iuin, qui ordonne *aprés avoir ouy le Promoteur en fes Conclufions, qui a requis d'eftre receu partie jointe avec Monfieur le Marechal de Grancey, que les parties feront tenues de contester, & de deffendre aux conclusions de la Requeste de Monsieur le Marêchal, & justifier des solemnitez du mariage.*

Aprés avoir examiné cette Sentence, on trouva que la fin de non recevoir n'estoit pas jugée à l'égard de Monsieur le Marêchal, que c'estoit l'intervention du Promoteur qui avoit fait ordonner que l'on deffendroit, que l'on n'auroit pas eu sujet de se plaindre de ce qu'un Official avoit ordonné qu'on rapporteroit les preuves des solemnitez d'un mariage, sur la requisition d'un Promoteur qui se rend partie formelle. On crût qu'il y faloit satisfaire par le respect dû à l'Eglise; mais afin de marquer en même temps qne l'on ne reconnoissoit pas que la Sentence eust jugé la fin de non recevoir : à l'égard du pere l'on se sert des précautions necessaires pour distinguer la cause du Promoteur, de celle du pere, & l'on procede differemment, à l'égard de Monsieur le Marêchal, l'on se renferme toûjours dans de simples fins de non recevoir contre luy : à l'égard du Promoteur l'on fournit de deffenses sur la question du mariage ; on ne peut mieux expliquer un acte si important qui fut dressé par l'avis de feu M. François de Montholon qu'en rapportant les termes dans lesquels il est conçeû. Cét Acte est du 23. Iuillet 1673. Il commence d'abord par des protestations, *disent sous les protestations de ne point approuver la Sentence, & se pourvoir en tem : & lieu pour deffenses aux conclusions de Monsieur le Marêchal, contre lequel ils persistent en leur exceptions & fin de non recevoir, que pour faire voir avec ledit Sieur Promoteur, que les conclusions prises par ledit Sieur Marêchal par sa Requeste aux fins desquelles ledit Sieur Promoteur est à present demandeur, sont non recevables & mal fondez ; ils employent ce qu'ils ont expliqué dans leur Factum, le tout pour faire voir que l'action intentée par ledit Sieur Marêchal de Grancey, au lieu duquel les deffendeurs agissent contre ledit Sieur Promoteur, qui est demandeur aux mesmes fins , & qui peut estre seule partie capable, quant à present de former des demandes de la qualité de celle dont est question, est non seulement une vexation, mais une pretention temerairement entreprise en cause de mariage, partant conclud aux fins d'estre renvoyé des conclusions du demandeur.*

Cét acte fait voir que bien loin que l'appellante ait procedé volontairement en l'Officialité ; au contraire elle a toûjours protesté, & n'a jamais derogé à sa protestation à l'égard de Monsieur le Marêchal de Grancey ; ce n'a esté que l'intervention du Promoteur qui l'a engagé de produire les titres des solemnitez du mariage, & par consequent la procedure faite dans le premier degré de Iurisdiction ne peut obliger l'appellante de continüer dans le second degré avec le Sieur Comte de Grancey, puisqu'ayant deux voyes differentes, independantes l'une de l'autre, elle a pû se servir de la precaution legitime de faire des protestations pour se conserver toûjours la voye de l'appel comme d'abus, auquel elle n'a point dérogé.

La troisième raison est, qu'en effet bien loin que la procedure du premier degré de Iurisdiction puisse engager l'appellante dans un second degré, au contraire, on peut dire que quand elle auroit esté obligée de proceder dans le premier degré, elle ne seroit pas obligée de proceder dans le second, par les changemens survenus entre le premier & le second degré de Iurisdiction, qui ont reduit la contestation au Iugement de simples fins de non recevoir entre Laïques qui ne sont point de la Iurisdiction Ecclesiastique.

Le premier changement est le decez de Monsieur le Maréchal de Grancey, car encore qu'il ne fust pas partie capable de contester dans une Officialité, la validité du mariage d'un majeur de quarante-huit ans, neanmoins son heritier a encore moins de droit que luy, parce que cette action, qui est personnelle, quelle qu'elle soit, ne passe point à l'heritier, lorsqu'il ne s'agit pas de la question des biens, mais uniquement de la validité d'un mariage, qui est un Sacrement, & dont l'Official ne peut regulierement prendre connoissance qu'entre les personnes mêmes qui l'ont contracté, s'il n'y avoit pas de fin de non recevoir, mais non pas à l'égard d'un pere qui n'a d'autre action, que celle que les Ordonnances luy ont donnée, suivant la difference de l'âge du fils; s'il est mineur le pere peut demander la nullité du mariage, mais s'il est majeur, il n'a que la voye de l'exeredation.

Le second changement plus important est à l'égard du Promoteur, c'estoit la seule partie legitime dans l'Officialité de Sens, ç'a esté son intervention qui a obligé l'Appellante de demeurer en l'Officialité & de repondre sur la question du lien du mariage, cela paroit clairement par la qualité des contestations; elle auroit proposé la fin de non-recevoir contre Monsieur le Mareschal de Grancey, elle auroit interjetté appel comme d'abus du Jugement interlocutoire, qui avoit ordonné qu'elle deffendroit sur la question de la validité du mariage; elle a mesme protesté de le faire, & a declaré que ce qui l'empeschoit d'appeller comme d'abus dans ce temps-là, c'estoit que la mesme Sentence avoit receû le Promoteur partie, & avoit ordonné que l'on rapporteroit les titres des solemnitez du mariage; il falloit satisfaire l'Eglise par le respect qui luy estoit deû, le Promoteur estoit partie legitime sur la question de *vinculo*, il falloit sé deffendre contre luy, c'est ce qui a retenu l'affaire dans le premier degré de Jurisdition; mais dans le second degré de Jurisdiction, le Promoteur n'est plus partie, & ne le peut estre aprés les conclusions qu'il a données, ainsi ce changement authorise en-

creotes l'appel comme d'abus , puifque la feule partie qui a obligé de proceder dans le premier degré de Jurifdiction ne peut eftre partie dans le fecond , qu'il n'y a plus de partie avec laquelle on puiffe agiter la queftion de *vinculo* du mariage & qu'il ne s'agit plus que de fins de non-recevoir entre des perfonnes Laïques qui ne font point naturellement de la competence du Juge d'Eglife , & il n'eft pas extraordinaire que fi les degrez de la JurifdictionEcclefiatifque fe trouvent interrompus par des changemens qui furviennent , cela arrive fort fouvent dans les Jurifdictions de l'Eglife , le cours de l'inftruction eft fouvent arrefté dans le premier ou dans le fecond degré , & entre plufieurs exemples que l'on pourroit rapporter , celuy de l'Arreft de la caufe de Mailly & de Montebeine eft notoire dans le Palais ; il a efté rendu en la quatriéme Chambre des Enqueftes , la Dame de Montebeine avoit fait profeffion dans un Monaftere , elle avoit obtenu un refcript contre fes vœux , elle s'eftoit marié , l'affaire fût portée en l'Officialité de Noyon en premiere Inftance , par appel dans un fecond degré de Jurifdiction , & enfuitte dans un troifiéme degré qui fût devant l'Official d'Amiens , ou les parties avoient efté renvoyées. On avoit reconnû l'Official ; toutes les parties avoient écrit & produit devant luy , le deceds de la Dame de Montebeine arriva dans le temps que l'on devoit juger le procez ; on fouftint que l'on n'eftoit plus obligé de proceder en l'Officialité d'Amiens ; que fa mort de la Dame de Montebeine reduifoit le procez à de fimples fin de non-recevoir entre perfonnes Laïques qui avoient droit de reclamer l'authorité du Parlement , & que les parties n'avoient qu'à retirer leur productions du Greffe de l'Officialité d'Amiens , & en effet aprés une longue playdoirie , il y eut un premier Arreft qui ordonna que les parties , fçavoir l'heritiere de la Dame de Montebeine & la Dame de Mailly fa tante retireroient leurs productions , & viendroient playder en la Chambre des Enqueftes , ou les parties formerent enfuitte plufieurs conteftations qui furent decidée par un fecond Arreft de l'année 1681. ainfi l'on jugea que le cours de la Jurifdiction Ecclefiatifque eftoit interrompu par le changement furvenu dans l'affaire , & l'on remarqua en playdant cét incident , que la mefme queftion avoit efté jugée dans la caufe de *Daubrio* fur l'appel d'une Premiere Sentence d'un Juge d'Eglife , ce qui montre que la Cour eft en droit & en poffeffion de juger en quelque eftat que fe trouve le procés porté dans une Officialité , lorfqu'il n'eft plus queftion du lien du Sacrement mais de fimples fins de non-recevoir , comme dans l'exemple de la caufe en laquelle il s'agit , de juger fi le fieur Comte de Grancey eft recevable à contefter fon mariage ou non;

c'eft

c'eſt la queſtion prealable qui eſt de la competance du Parlement. L'on convient que s'il eſtoit partie capable, & qu'il n'y eût aucune fin de non-recevoir contre luy, il faudroit proceder devant les Juges d'Egliſe ſur la queſtion du lien du Sacrement; mais cette queſtion devient inutile & ne peut eſtre agitée, s'il y a des fins de non-recevoir ſuffiſantes, c'eſt le ſujet de la Requeſte preſentée en la Cour qui y doit eſtre jugée; & ce n'eſt point en cela troubler l'ordre des juriſdictions Eccleſiaſtiques, parce que c'eſt à cauſe du changement de l'eſtat des conteſtations, c'eſt l'effet de l'appel comme d'abus, ce n'eſt point prononcer non plus ſur l'appel de la Sentence de l'Officialité, pour l'infirmer ou l'a confirmer, parce qu'il ne s'agit pas de l'execution de la Sentence. L'Appellante ne s'en ſert pas pour moyens d'appel comme d'abus, elle propoſe ſes fins de non-recevoir, comme s'il n'y avoit point de Sentence. Ce n'eſt point auſſi contre la Sentence, mais contre l'action du ſieur Comte de Grancey qu'elle propoſe ſes fins de non-recevoir, & de la même maniere que l'on auroit pû le faire dans le premier degré de juriſdiction, ſi le ſieur Comte de Grancey s'eſtoit d'abord preſenté pour conteſter la validité de ſon mariage, & que le Promoteur en l'Officialité n'eût pas eſté partie : la Sentence qui eſt contre la pretention du ſieur Comte de Grancey, n'a pas rendu ſon action plus legitime qu'elle n'eſtoit auparavant, ou plûtoſt cette Sentence ne luy a pas donné une action pour conteſter la validité de ſon mariage, s'il n'en avoit point; & afin de faire voir trés-clairement que l'Appellante ne ſe ſert pas de la Sentence pour autoriſer ſa fin de non-recevoir, il eſt neceſſaire de diſtinguer deux choſes, que la Sentence a jugé par rapport aux parties qui y eſtoient intereſſées, elle a jugé contre le Promoteur en l'Officialité la queſtion du mariage; mais contre le ſieur Comte de Grancey & contre Monſieur le Maréchal ſon pere, elle n'a jugé que des fins de non-recevoir : Cela paroît évidemment à l'égard du ſieur Comte de Grancey, qui avoit declaré ne vouloir point eſtre partie, parce qu'ayant donné une Requeſte pour demander la nullité du mariage, lorſque le procés eſtoit ſur le point d'eſtre jugé; l'on a prononcé ſans s'arreſter à ſa Requeſte : Ainſi c'eſt une fin de non-recevoir jugée contre luy, & cela ſuffit pour la deciſion de la conteſtation dont il s'agit à preſent, parce qu'il n'y a plus que luy, que l'on puiſſe conſiderer, ce n'eſt pas qu'à l'égard de Monſieur le Maréchal de Grancey, il paroît auſſi que la Sentence n'a jugé qu'une fin de non-recevoir, parce que l'on n'avoit propoſé contre luy, que de ſimples exceptions, des fins de non-recevoir, & ſi la Sentence a dit renvoyé abſous de la demande, c'eſt par la raiſon de ce que le

D

Promoteur s'eſtoit joint à la Requeſte de Monſieur le Maréchal de Grancey, lequel ſans cela auroit eſté declaré non-recevable; mais cette conſideration devient même inutile à preſent, parce que outre que le Promoteur s'eſt deſiſté, le decez de Monſieur le Maréchal de Grancey eſtant arrivé il y a pluſieurs années, cette action perſonnelle ne peut paſſer à des heritiers, & comme il n'y a plus que le droit du ſieur Comte de Grancey, principalement à examiner, il eſt certain que dans les veritables maximes du droit Eccleſiaſtique, n'eſtant point partie capable pour conteſter la validité du mariage qu'il a fait à quarante huit ans avec une mineure de dix ſept, ayant luy-même declaré que ſa conſcience l'obligeoit de ſe rapporter à la Juſtice, il n'eſt plus recevable à former des appellations frivoles & témeraires pour rendre un procés immortel par des longueurs de procedures inutiles ſans eſperance de ſuccez, mais ſeulement par un eſprit de vexation.

Me GRELAIN, Proc.